AF533102

LISA TEMMEN

SIRTFOOD DIÄT

Kochbuch

Alle Ratschläge in diesem Buch wurden vom Autor und vom Verlag sorgfältig erwogen und geprüft. Eine Garantie kann dennoch nicht übernommen werden. Eine Haftung des Autors beziehungsweise des Verlags für jegliche Personen-, Sach- und Vermögensschäden ist daher ausgeschlossen.

Copyright © 2024
Email: info@edition-lunerion.de
www.edition-lunerion.de

Alle Rechte, insbesondere das Recht der Vervielfältigung und Verbreitung der Übersetzung, vorbehalten. Kein Teil des Werkes darf in irgendeiner Form (durch Fotokopie, Mikrofilm oder ein anderes Verfahren) ohne schriftliche Genehmigung des Verlages reproduziert oder unter Verwendung elektronischer Systeme gespeichert, verarbeitet, vervielfältigt oder verbreitet werden.

Psiana eCom UG
Berumer Str. 44
26844 Jemgum

Vorwort

Sie suchen nach einer Ernährung, die Ihnen endlich zur Bikinifigur verhilft und dabei auch noch gesund ist? Verbotene Lebensmittel und fader Verzicht kommen dabei aber nicht in Frage? Und das Ganze soll auch alltagstauglich sein? Bitte sehr, hier kommt die Sirtuin-Diät – und wie Sie die ganz einfach auf den Speiseplan packen, zeigt Ihnen dieses Buch!

Vollmundige Diätversprechen gibt es wie Sand am Meer, doch meistens haben sie einen Haken: zu einseitig, Hungerphasen, Jo-Jo-Effekt, komplizierte Regeln, geschmacklose Verzichtrezepte und mit Schoki, Chips und Wein ist sowieso Schluss. Das ist bei der Sirtfood-Diät anders, denn hier kombinieren Sie gezielt Lebensmittel, deren Inhaltsstoffe Sirtuine aktivieren – und die schalten wiederum Ihren Stoffwechsel in den Turbomodus. In Verbindung mit einer reduzierten Kalorienzahl lassen Sie so nicht nur die Pfunde purzeln, sondern dämmen Entzündungsprozesse ein und wirken sogar der Hautalterung entgegen. Und das Beste? Am Genuss wird hier nicht gespart, stattdessen schlemmen Sie sich in diesem Kochbuch durch eine Riesenauswahl an köstlichen Fleischgerichten, Fischleckereien und Veggies-Spezialitäten für jeden Anlass und dürfen sogar bei sündigen Desserts ohne Reue zugreifen.

Guten Appetit!

INHALT

Die Sirtfood-Diät – Worum geht es

Es gibt zahlreiche Ernährungsformen und unzählige Diäten, die alle verschiedene Vor- und Nachteile mit sich bringen. Ein Großteil der Ernährungspläne dieser Diäten geht mit großen Einschränkungen und Tabus einher. Gummibären, Chips, Wein und Co. müssen dabei im Schrank bleiben. Bei der Sirtfood-Diät ist das anders.

Während dieser besonderen Ernährungsweise integrieren Sie diese Leckereien und vermeintlichen Dickmacher fest in Ihren Ernährungsplan. Bei Sirtfood dreht es sich also nicht um eine Diät-Form, die ausschließlich Vermeidung und Verzicht vorsieht.

Die Sirtfood-Diät setzt nicht nur darauf, mit Genuss zu leben, sondern auch einen nachhaltigen Erfolg zu erzielen. Funktionieren tut das Prinzip über zahlreiche Prozesse und Enzyme im Körper. Mehr dazu in den Zielen und der Funktionsweise der Diät.

Mit diesem Buch erhalten Sie also nicht nur zahlreiche, abwechslungsreiche Rezepte, die für Sirtfood geeignet sind. Sie erfahren außerdem, wie genau diese Form der Ernährung in Ihrem Körper funktionieren wird, worauf Sie achten sollten und wie Sie mit einigen Tipps einen nachhaltigen Erfolg beim Abnehmen erzielen können.

Durch eine übersichtliche Liste mit geeigneten und ungeeigneten Lebensmitteln und einer Einkaufsliste sollte Ihnen der Einstieg in die Sirtfood-Welt nicht schwerfallen. Die Rezepte sind auf den Alltag ausgelegt und lassen sich einfach umsetzen.

WIE FUNKTIONIERT DIE DIÄT UND WELCHE ZIELE HAT SIE?

Die Sirtfood-Diät sieht vor, vermeintlich verbotene Lebensmittel in einen gesunden Ernährungsplan zu integrieren. Ziel ist es, durch bestimmte Kombinationen die sogenannten Sirtuine im Körper zu beeinflussen. Sie gehören zu den Enzymen, die den Stoffwechsel des Körpers anregen.

Der Begriff Sirtfood beinhaltet also Lebensmittel, die reich an Substanzen und Spurenelementen sind, welche diese Sirtuine aktivieren. Durch einen erhöhten Verzehr dieser Nahrungsmittel sollen im Körper zahlreiche positive Entwicklungen erfolgen.

Durch die sirtuinhaltigen Lebensmittel, die in Kombination mit einer reduzierten Kalorienzufuhr genossen werden dürfen, setzt die Sirtfood-Diät den Fokus also auf den Stoffwechsel. Der erhöhte Stoffwechsel wird zwangsläufig zu einem Gewichtsverlust führen.

Doch das Sirtuin wirkt nicht nur auf den Stoffwechsel. Ein Großteil des Sirtfoods ist reich an Vitaminen, Antioxidantien und Histaminen. Diese wirken sich im Körper positiv auf Entzündungen aus. Sie kurbeln die Immunabwehr an, regenerieren Gewebe und wirken zum Teil entzündungshemmend. Das macht die Sirtfood-Diät auch für Menschen interessant, die an chronischen Entzündungen, wie Rheuma, Endometriose oder MS, leiden.

Des Weiteren wirkt sich ein gesteigerter Stoffwechsel positiv auf verschiedene Alterungsprozesse aus. Durch die gesteigerte Zellerneuerung können Sie mit der Sirtfood-Diät beispielsweise der natürlichen Hautalterung entgegenwirken.

Die Ziele der Sirtfood-Diät sind also vielseitig:

- Abnehmen durch einen gesteigerten Stoffwechsel
- langfristige Gewichtskontrolle durch reduzierte Kalorienzufuhr
- Entzündungsprozesse eindämmen
- Alterungsprozesse beeinflussen

WELCHE LEBENSMITTEL SIND SIRTFOOD GEEIGNET?

Während der Sirtfood-Diät muss Ihre Ernährung nicht ausschließlich aus sirtuinhaltigen Lebensmitteln bestehen. Im Fokus sollten jedoch diese liegen, die kalorienarm und/oder reich an Sirtuin sind. Je nach Phase der Diät, Geschmack und Verträglichkeit gilt es, dabei also auf gelungene Kombinationen zu setzen. Folgende Lebensmittel sind dabei uneingeschränkt zu empfehlen:

- Kurkuma
- Blaubeeren
- Erdbeeren
- Äpfel
- Zitrusfrüchte
- Trauben
- Grünes Blattgemüse: Spinat, Brokkoli, Grünkohl, Rucola, Chicorée
- Walnüsse
- Cashewkerne
- Dunkle Schokolade (mit mindestens 85 % Kakaoanteil)

- Buchweizen
- Soja
- Petersilie
- Natives Olivenöl
- Grüntee
- Kaffee
- Kapern
- Datteln
- Rotwein (in Maßen)
- Zwiebeln
- Knoblauch
- Chilis
- Tomaten
- Pseudogetreide: Buchweizen und Quinoa

Die Top 10 sirtuinhaltigen Lebensmittel

- Grünkohl
- Thymian
- Kurkuma
- Leinsamen
- Buchweizen
- Kapern
- Sellerie
- Kakao
- Kaffee
- Olivenöl

WELCHE LEBENSMITTEL SOLLTE ICH MEIDEN?

Zucker: Einfacher Zucker wirkt im Körper auf molekularer Ebene. Er beeinträchtigt unter anderem den Blutkreislauf, Alterungsprozesse, Entzündungen und den Stoffwechsel. Verzichten Sie also möglichst ganz auf Haushaltszucker.

Verarbeitete Lebensmittel enthalten in der Regel viele Kalorien. Diese sollten Sie meiden. Darunter fallen unter anderem: verarbeitete Milchprodukte (Fruchtjoghurt, Fertigpudding, Milchshakes), marinierte Fleisch- und Fischprodukte, Weißbrot, Fertigsoßen.

Des Weiteren sollten Sie Lebensmittel, die frei von Sirtuin sind, lediglich als kleine Beilage oder Kombination zubereiten. Das sind beispielsweise Kartoffeln, einige Nüsse und Hülsenfrüchte. Der Fokus Ihrer Mahlzeit sollte stets darauf liegen, viel Sirtuin zu sich zu nehmen.

DER 2-WOCHEN-SIRTFOOD-ERNÄHRUNGSPLAN

Um größtmöglichen Erfolg mit der Sirtfood-Diät zu haben, ist es ratsam, einen festen Ernährungsplan zu beachten. Dieser richtet sich an die ersten 2 Wochen der Diät. Nach diesen 14 Tagen sollten Sie Ihre Ernährung auf eine langfristige Kombination aus Sirtfood und abwechslungsreichen Lebensmitteln umstellen. Im Rezeptteil werden Sie sowohl Rezepte für die einzelnen Phasen der Entgiftung als auch für die langfristige Phase finden. Diese sind entsprechend gekennzeichnet.

Der optimale Diät-Plan der Sirtfood-Ernährung sieht wie folgt aus:

Phase 1 (Tag 1 bis 3): Entgiftung

In dieser Phase ernähren Sie sich ausschließlich von Gemüsesäften und Obst-Gemüse-Smoothies. Eine solche Entgiftungsphase ist in vielen Diäten ein fester Bestandteil und dient als Start. Während dieser 3 Tage hat Ihr Körper die Möglichkeit, sich von ungesunden Stoffen, Substanzen und Spurenelementen zu befreien. Gleichzeitig bereiten Sie ihn auf die bevorstehende Umstellung und Gewichtsabnahme vor. Der Stoffwechsel hat zu diesem Zeitpunkt also die Chance, sich noch einmal „neu zu starten".

Durch die relativ geringe Kalorienzufuhr während dieser Phase kann es zu Müdigkeit und Abgeschlagenheit kommen. Achten Sie darauf, neben den Säften und Smoothies täglich mindestens 2 Liter Wasser zu trinken.

Phase 2 (Tag 4 bis 7): Sirtuin

Während der zweiten Phase sollten Sie täglich 1.500 Kilokalorien zu sich nehmen. In diesen Tagen werden Sie täglich jeweils zwei Säfte und feste Mahlzeiten zubereiten, um auf diese Anzahl zu kommen. In dieser Phase liegt der Fokus auf sirtuinreiche Lebensmittel. Andere Lebensmittel sollten zu diesem Zeitpunkt entweder ganz gemieden werden oder nur einen sehr kleinen Teil der Mahlzeiten ausmachen.

Diese Phase gilt als Hauptphase der Sirtfood-Diät. Während dieser Zeit werden Sie möglicherweise bereits Ihr Wunschgewicht erreichen. Sollten Sie ein festes Ziel im Blick haben, können Sie diese Phase bis zum Erreichen Ihres Ziels strecken.

Phase 3 (Tag 8 +): langfristige Ziele

Ab dem 8. Tag Ihrer Sirtfood-Diät sollten Sie langfristige Ziele im Blick haben. Damit Ihre Ernährung nicht zu einseitig wird, sollten Sie ab diesem Zeitpunkt auch wieder Lebensmittel verzehren, die wenig bis kein Sirtuin enthalten. Diese sollten jedoch weiterhin nur einen kleinen Teil der Mahlzeiten ausmachen.

Damit es nicht zu einem Jo-Jo-Effekt kommt, sollten Sie in jedem Fall besonders auf die Kalorienanzahl Ihrer Speisen achten. Je nachdem, welches Ziel Sie mit der Sirtfood-Diät haben, macht es Sinn, weiterhin auf einem täglichen Niveau von 1.500 Kalorien zu bleiben.

Falls Sie sich vor der Diät weniger gesund ernährt haben, verfallen Sie auf keinen Fall wieder in alte Muster. Halten Sie sich an die Grenze von 1.800 Kilokalorien pro Tag. In den vergangenen 7 Tagen haben Sie gelernt, mit wenig Kalorien gesundes und leckeres Essen zuzubereiten. Halten Sie diese Essgewohnheiten in jedem Fall bei, achten Sie jedoch gleichzeitig auf eine abwechslungsreiche Ernährung.

Beispiel: So könnte Ihre Sirtfood-Diät konkret aussehen:

Tag 1:

Frühstück: Erdbeer-Birnen-Smoothie

Mittagessen: Grünkohl-Smoothie

Abendessen: Tomatensaft mit Möhren und Sellerie

Snack: Grünkohl-Smoothie

Tag 2:

Frühstück: Grüner Romana-Smoothie

Mittagessen: Wassermelonen-Smoothie

Abendessen: Grüner Romana-Smoothie

Snack: Erfrischender Gurken-Smoothie

Tag 3:

Frühstück: Spinat-Sellerie-Saft

Mittagessen: Rotkohl-Smoothie mit Birnensaft

Abendessen: Spinat-Sellerie-Saft

Snack: Fenchel-Grünkohl-Saft

Tag 4:

Frühstück: Obst-Skyr

Mittagessen: Indisches Chicken

Abendessen: Tabouleh

Snack: Salat-Minz-Saft

Tag 5:

Frühstück: Knusper-Müsli ohne Zucker

Mittagessen: Brokkoli-Salat mit Eiern

Abendessen: Protein-Pizza

Snack: Spinat-Sellerie-Saft mit Ingwer

Tag 6:

Frühstück: Erdbeer-Müsli mit Mandelmilch -vegan-

Mittagessen: Linsen-Pasta

Abendessen: Tagliatelle mit Lachs

Snack: Einfacher Gurkensaft

Tag 7:

Frühstück: Porridge mit Orangen-Kompott -vegan-

Mittagessen: Linsen-Allerlei

Abendessen: Puten-Gemüse-Spieße

Snack: Pinker Kohl-Smoothie

Die Sirtfood-Diät-Einkaufsliste

Gemüse: Spinat, Grünkohl, Kürbis, Rucola, Brokkoli, Chicorée. Des Weiteren sind alle anderen Gemüsesorten und Kräuter erlaubt.

Obst: Äpfel, Birnen, Papaya, Kiwi, Erdbeeren, Blaubeeren, Zitronen, Orangen, Trauben

Getreide: Leinsamen, Amarant, Chia, Quinoa, Dinkelmehl, Sojaprodukte, Buchweizen

Milch- und Milchersatz: Hafermilch, Mandelmilch, weitere Milchalternativen, Skyr, Magerquark, Naturjoghurt, griechischer Joghurt
Walnüsse, Pistazien, Cashewkerne

Außerdem: Olivenöl, Kurkuma, Grüner Tee, Kaffee, Kapern, Datteln, Sesam, Mohn, Kerne und Saaten aller Art sind erlaubt und können vielseitig eingesetzt werden.

Frühstück

OBST-SKYR

2 Port. 15 Min. Leicht

Zutaten

1 EL Pistazienkerne
Je 1 EL Mandelkerne, Walnusskerne und Cashewkerne
1 EL Kokosraspeln
½ Blutorange
1 Kiwi
400 g Skyr
2 EL Amaranth, gepufft

Nährwerte p. P.

299 kcal
20 g Kohlenhydrate
11 g Fett
26 g Eiweiß

1 Vermengen Sie alle Kerne und die Kokosraspeln miteinander. Rösten Sie die Mischung ohne Zugabe von Fett für 5 Minuten in einer Pfanne an.

2 Schälen und schneiden Sie die Blutorange in Scheiben und diese anschließend in Viertel.

3 Schälen Sie die Kiwi und schneiden Sie diese ebenfalls in dünne Scheiben.

4 Verteilen Sie den Skyr auf 2 Schüsseln, geben Sie das Obst darüber und garnieren Sie es mit dem Amarant.

5 Servieren Sie das Obst-Skyr sofort.

Tipp: Geeignet für Phase 2 bis 3.

NUSS-QUARK

1 Port.

15 Min.

Leicht

Zutaten

½ Zitrone
2 EL Wasser
30 g Radieschen
15 g Walnüsse, gehackt
1 Frühlingszwiebel
1 Apfel
150 g Magerquark
Je 1 EL Petersilie, Basilikum und Dill

Nach Belieben:
Salz und Pfeffer

Nährwerte p. P.

320 kcal
30 g Kohlenhydrate
11 g Fett
22 g Eiweiß

1 Pressen Sie den Saft der Zitrone aus. Vermengen Sie diesen mit dem Wasser.

2 Waschen Sie die Radieschen und schneiden Sie sie in dünne Scheiben. Waschen Sie die Frühlingszwiebeln und schneiden Sie diese in Ringe. Schneiden Sie den Apfel in kleine Stücke.

3 Vermengen Sie alle angegebenen Zutaten in einer Schüssel.

4 Schmecken Sie den Quark nach Belieben mit Salz und Pfeffer ab.

Tipp: Geeignet für Phase 2 und 3.

PANCAKES MIT PFLAUMEN

1 Port.

15 Min.

Leicht

Zutaten

½ Zitrone
1 Ei
80 g Ricotta
1 TL Olivenöl
50 g Buchweizenmehl
1 TL Backpulver
1 TL Kokosöl
60 g Joghurt
80 g Pflaumen

Nährwerte p. P.

332 kcal
16 g Kohlenhydrate
16 g Fett
12 g Eiweiß

1 Pressen Sie die Zitrone aus. Vermengen Sie Ei, Ricotta, Olivenöl, Zitronensaft, Buchweizenmehl und Backpulver zu einem glatten Teig.

2 Erhitzen Sie das Kokosöl in einer Pfanne.

3 Backen Sie jeweils 1 bis 2 EL Teig in der Pfanne aus. Wenden Sie diese nach etwa 1 Minute.

4 Waschen Sie die Pflaumen und entkernen Sie sie.

5 Servieren Sie die Pancakes mit Joghurt und Pflaumen.

Tipp: Geeignet für Phase 3. Alternativ können die Pancakes mit anderen Obstsorten serviert werden.

KNUSPER-MÜSLI OHNE ZUCKER

15 Port.

20 Min.

Leicht

Zutaten

50 g Kokosöl
150 ml klarer Honig
1 EL Kurkuma
100 g Haferflocken
250 g Buchweizenflocken
100 g Walnüsse, gehackt
50 g Pekannüsse, gehackt
50 g Mandeln, gehobelt
Je 30 g Kürbiskerne und Sonnenblumenkerne
50 g Kakaon-Nibs

Nährwerte p. P.

245 kcal
13 g Kohlenhydrate
16 g Fett
3 g Eiweiß

Tipp: Geeignet für Phase 2 bis 3.

1 Heizen Sie den Backofen auf 160 Grad Umluft vor.

2 Geben Sie Kokosöl und Honig in einen Topf und erwärmen Sie die Mischung, bis der Honig vollständig geschmolzen ist. Heben Sie alle übrigen Zutaten unter.

3 Verteilen Sie die Masse auf ein mit Backpapier ausgelegtes Backblech. Backen Sie sie für 15 Minuten im Backofen.

4 Lassen Sie das Müsli abkühlen und verkleinern Sie es nach Belieben.

5 Lagern Sie es in einem luftdichten Gefäß. Das Müsli ist mehrere Wochen haltbar.

-VEGAN-

ERDBEER-MÜSLI MIT MANDELMILCH

1 Port.

5 Min.

Leicht

Zutaten

150 g Erdbeeren
50 g Buchweizenflocken
200 ml Mandelmilch

Nährwerte p. P.

287 kcal
60 g Kohlenhydrate
1 g Fett
4 g Eiweiß

1 Waschen Sie die Erdbeeren und zerkleinern Sie sie nach Belieben.

2 Vermengen Sie Buchweizen und Erdbeeren miteinander.

3 Geben Sie die Mandelmilch darüber und servieren Sie das Müsli sofort.

Tipp: Geeignet für Phase 2 bis 3.

-VEGAN-

PORRIDGE MIT ORANGEN-KOMPOTT

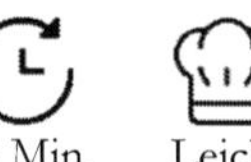

2 Port. 25 Min. Leicht

Zutaten

Für das Buchweizen-Porridge:
1 Tasse Buchweizen, über Nacht eingeweicht und abgespült
300 ml Mandelmilch
½ TL Zimt
¼ TL Muskatnuss
1 EL Ahornsirup

Für das Orangen-Kompott:
3 Orangen, geschält und in Stücke geteilt
1 Zitrone, ausgepresst
3 EL Ahornsirup
½ TL Vanilleextrakt

Nährwerte p. P.

315 kcal
45 g Kohlenhydrate
2 g Fett
5 g Eiweiß

Tipp: Geeignet für Phase 3.

1 Bereiten Sie zunächst das Porridge zu. Vermengen Sie dafür Buchweizen, Mandelmilch, Zimt, Muskatnuss und Ahornsirup in einem kleinen Topf.

2 Erhitzen Sie die Mischung 20 Minuten lang bei niedriger Wärmezufuhr. Rühren Sie das Porridge dabei regelmäßig um.

3 Erhitzen Sie in der Zwischenzeit alle angegebenen Zutaten für das Kompott in einem separaten Topf.

4 Kochen Sie es für 15 Minuten bei mittlerer Wärmezufuhr.

5 Füllen Sie das Porridge in eine Schüssel und geben Sie das Kompott darauf.

6 Servieren Sie das Frühstück lauwarm.

Salate

TOMATEN-FETA-SALAT

2 Port.

15 Min.

Leicht

Zutaten

Je 125 g Cherrytomaten, rot und gelb
½ Zwiebel, rot
1 kleine Zehe Knoblauch, gepresst
½ Bund Basilikum
1 Handvoll Rucola
2 EL Olivenöl
100 g körniger Frischkäse

Nach Belieben:
Salz und Pfeffer

Nährwerte p. P.

151 kcal
6 g Kohlenhydrate
10 g Fett
8 g Eiweiß

Tipp: Geeignet für Phase 2 und 3.

1 Waschen Sie die Cherrytomaten, tupfen Sie sie trocken und halbieren Sie diese. Schälen Sie die Zwiebel und schneiden Sie sie in dünne Ringe. Waschen Sie das Basilikum und den Rucola.

2 Vermengen Sie alle Zutaten, bis auf den Frischkäse, miteinander und verteilen Sie den Salat auf 2 Teller.

3 Nutzen Sie den Frischkäse als Topping oder Beilage für den Salat. Schmecken Sie ihn mit Salz und Pfeffer ab.

FRISCHER ORANGEN-SALAT MIT WALNÜSSEN

2 Port.

15 Min.

Leicht

Zutaten

200 g Radicchio
200 g Endivien
2 Orangen
50 g Walnüsse
1 EL Essig
1 TL Senf
1 TL Meerrettich
1 Prise Salz

Nährwerte p. P.

381 kcal
20 g Kohlenhydrate
28 g Fett
8 g Eiweiß

1 Waschen Sie die Salate. Lassen Sie sie gut abtropfen und zerkleinern Sie sie nach Belieben.

2 Schälen Sie die Orangen, entfernen Sie die weiße Haut und schneiden Sie sie in dünne Halbkreise. Hacken Sie die Walnüsse grob.

3 Vermengen Sie Salat, Orangen und Walnüsse miteinander und verteilen Sie den Salat auf 2 Teller.

4 Rühren Sie aus Essig, Senf, Meerrettich und Salz ein Dressing an.

5 Garnieren Sie den Salat mit dem Dressing.

Tipp: Geeignet für Phase 2 und 3. Dazu schmeckt ein Dinkel- oder Steinofenbaguette.

BROKKOLI-SALAT MIT EIERN

2 Port. 20 Min. Leicht

Zutaten

500 g Brokkoli
4 kleine getrocknete Tomaten
2 Eier
1 EL Pinienkerne
6 braune Champignons
150 g Joghurt
1 TL Senf
2 TL Sesamöl
1 Zehe Knoblauch, gepresst
Salz und Pfeffer

Nährwerte p. P.

300 kcal
37 g Kohlenhydrate
3 g Fett
4 g Eiweiß

1 Teilen Sie den Brokkoli in Röschen und waschen Sie diese. Bringen Sie ausreichend Salzwasser zum Kochen und garen Sie den Brokkoli darin für 5 Minuten. Er sollte noch bissfest sein.

2 Schneiden Sie die Tomaten in mundgerechte Stücke und garen Sie sie die letzten 3 Minuten der Garzeit mit den Brokkoliröschen.

3 Gießen Sie das Gemüse durch ein Sieb. Kochen Sie in der Zwischenzeit die Eier hart.

4 Rösten Sie die Pinienkerne in einer Pfanne, ohne Zugabe von Fett, für 2 Minuten an.

5 Waschen Sie die Champignons und schneiden Sie sie in Scheiben.

6 Rühren Sie aus Joghurt, Senf, Sesamöl, Knoblauch, Salz und Pfeffer ein Dressing an.

7 Vermengen Sie Brokkoli, Tomaten, Pinienkerne, Champignons und Dressing miteinander.

8 Pellen und vierteln Sie die Eier und garnieren Sie den Salat damit.

Tipp: Geeignet für Phase 2 und 3.

BUNTER SALAT MIT NÜSSEN

2 Port.

20 Min.

Leicht

Zutaten

1 Süßkartoffel
2 EL Olivenöl
1 EL Kräuter der Provence
Je 1 Prise Salz und Pfeffer
2 Frühlingszwiebeln
½ Gurke
4 Tomaten
2 Handvoll Feldsalat
1 Zwiebel, rot
50 g Feta
50 g Heidelbeeren
2 EL Pekannüsse
1 EL Zitronensaft
1 EL heller Balsamicoessig

1 Schälen Sie die Süßkartoffel und schneiden Sie sie in kleine Würfel.

2 Erhitzen Sie das Öl in einer Pfanne. Braten Sie die Süßkartoffel 7 bis 10 Minuten lang darin an. Wenden Sie sie dabei regelmäßig.

3 Würzen Sie sie mit Salz, Pfeffer und den Kräutern.

4 Waschen Sie Frühlingszwiebeln, Gurke, Tomaten, Feldsalat, Heidelbeeren und schälen Sie die Zwiebel.

5 Schneiden Sie alles in mundgerechte Stücke. Zerbröseln Sie den Feta.

6 Vermengen Sie alle festen Zutaten, einschließlich der Pekanüsse in einer großen Schüssel.

7 Garnieren Sie den Salat mit Zitronensaft und Balsamicoessig.

Nährwerte p. P.

92 kcal
3 g Kohlenhydrate
6 g Fett
4 g Eiweiß

Tipp: Geeignet für Phase 2 und 3.

SCHNELLER SALAT AUS DEM MIXER

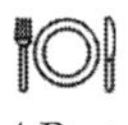
4 Port.

15 Min.

Leicht

Zutaten

220 g Möhren
130 g Knollensellerie
100 g Staudensellerie
1 Apfel
1 Gurke
2 EL Essig
6 EL Orangensaft
1 EL Olivenöl
1 TL Salz
1 Prise Chilipulver
4 Stängel Petersilie
150 g Sojajoghurt
50 g Walnüsse

Nährwerte p. P.

90 kcal
15 g Kohlenhydrate
2 g Fett
2 g Eiweiß

1 Waschen Sie das Obst und Gemüse gründlich ab und entkernen Sie es.

2 Geben Sie alle Zutaten, bis auf den Sojajoghurt und die Walnüsse, in einen Standmixer.

3 Mixen Sie alles für 3 bis 5 Sekunden lang auf mittlerer Stufe.

4 Vermengen Sie die Zutaten anschließend mit Sojajoghurt und garnieren Sie ihn mit den Walnüssen.

Tipp: Geeignet für Phase 2 und 3.

POWER-SALAT MIT AVOCADO

1 Port.

10 Min.

Leicht

Zutaten

50 g Rucola
50 g Chicorée
80 g Avocado, in kleine Würfel geschnitten
40 g grüne Selleriestange, in dünne Scheiben geschnitten
20 g Zwiebeln, rot, in dünne Scheiben geschnitten
15 g Walnüsse, gehackt
1 EL Kapern
1 Dattel, entsteint und gehackt
1 EL Olivenöl
1 EL Zitronensaft
10 g Petersilie, gehackt
10 g Liebstöckel oder Sellerieblätter, gehackt

Nach Belieben:
Salz und Pfeffer

Nährwerte p. P.

110 kcal
28 g Kohlenhydrate
9 g Fett
8 g Eiweiß

Tipp: Geeignet für Phase 3.

1 Waschen Sie die Zutaten gründlich ab und lassen Sie sie abtropfen.

2 Vermengen Sie alles zusammen in einer großen Schüssel.

3 Schmecken Sie den Salat mit Salz und Pfeffer ab und lassen Sie ihn kurz ziehen.

Suppen

-VEGAN-

BLUMENKOHLSUPPE

2 Port. 35 Min. Leicht

Zutaten

1 Zwiebel
2 Zehen Knoblauch
1 Stange Lauch
200 g Kartoffeln
500 g Blumenkohl
700 ml Gemüsebrühe
120 ml Sojasahne
1 Lorbeerblatt
1 TL Senf
1 EL Olivenöl

Außerdem:
Schnittlauch, Salz, Pfeffer

Nährwerte p. P.

365 kcal
27 g Kohlenhydrate
20 g Fett
12 g Eiweiß

1 Schälen Sie Zwiebel und Knoblauch. Würfeln Sie alles fein. Waschen Sie den Lauch und schneiden Sie ihn in Ringe.

2 Schälen Sie die Kartoffeln und schneiden Sie sie in grobe Stücke. Teilen Sie den Blumenkohl in Röschen und waschen Sie diese.

3 Erhitzen Sie das Olivenöl in einem großen Topf. Dünsten Sie Zwiebeln, Knoblauch und Lauch darin 5 Minuten lang kräftig an.

4 Geben Sie Kartoffeln, Blumenkohl, Gemüsebrühe, Sojasahne, das Lorbeerblatt und Senf hinzu.

5 Köcheln Sie die Suppe für 15 bis 20 Minuten bei mittlerer Wärmezufuhr.

6 Pürieren Sie die Suppe nach der Garzeit nach Belieben fein.

7 Schmecken Sie sie zum Abschluss mit Schnittlauch, Salz und Pfeffer ab.

Tipp: Geeignet für Phase 2 bis 3.

-VEGAN-

CREMIGE PAPRIKA-MÖHREN-SUPPE

4 Port. 40 Min. Leicht

Zutaten

2 Zwiebeln, rot
2 Möhren
Je 1 Paprika, rot und gelb
1.300 ml Gemüsebrühe
1 Prise Salz
120 ml Sojasahne
2 TL Buchweizenmehl
3 EL Petersilie oder Schnittlauch, gehackt

Nach Belieben:
Chilipulver

Nährwerte p. P.

142 kcal
12 g Kohlenhydrate
10 g Fett
5 g Eiweiß

Tipp: Geeignet für Phase 2 und 3.

1 Raspeln Sie Zwiebeln, Möhren und Paprika. Bringen Sie in der Zwischenzeit die Gemüsebrühe zum Kochen.

2 Geben Sie das Gemüse in die kochende Brühe und köcheln Sie es darin 15 Minuten lang gar. Nehmen Sie den Topf vom Herd.

3 Pürieren Sie die Suppe darin.

4 Vermengen Sie das Buchweizenmehl mit der Sojasahne. Rühren Sie die Mischung unter.

5 Schmecken Sie die Suppe mit Salz, Petersilie, Schnittlauch und Chilipulver ab.

SPINATSUPPE

1 Port. 25 Min. Leicht

Zutaten

100 g Babyspinat
½ kleine Zwiebel
1 EL Olivenöl
300 ml Gemüsebrühe
50 ml Sahne

Nach Belieben:
Salz und Pfeffer

Nährwerte p. P.

379 kcal
10 g Kohlenhydrate
34 g Fett
5 g Eiweiß

1 Waschen Sie den Spinat und tupfen Sie ihn trocken. Schälen Sie die Zwiebel und schneiden Sie sie in Würfel.

2 Erhitzen Sie das Öl in einem Topf. Dünsten Sie Spinat und Zwiebel darin für 5 Minuten an.

3 Löschen Sie das Gemüse mit der Gemüsebrühe ab.

4 Kochen Sie die Suppe 15 Minuten lang bei geringer Wärmezufuhr.

5 Pürieren Sie die Suppe anschließend mit einem Stabmixer. Rühren Sie die Sahne unter.

6 Schmecken Sie die Suppe mit Salz und Pfeffer ab.

Tipp: Geeignet für Phase 2 und 3.

KÜRBISSUPPE

4 Port.

30 Min.

Leicht

Zutaten

600 g Butternut-Kürbis
1 Zwiebel
2 EL Butter
800 ml Gemüsebrühe
100 g Crème fraîche

Nach Belieben:
Salz, Pfeffer und Muskatnuss
Chiliflocken
Kresse

Nährwerte p. P.

160 kcal
13 g Kohlenhydrate
11 g Fett
3 g Eiweiß

1 Schälen Sie den Kürbis und schneiden Sie das Fruchtfleisch in Würfel. Schälen Sie die Zwiebel und zerkleinern Sie sie grob.

2 Erhitzen Sie die Butter in einem Topf. Dünsten Sie das Gemüse darin für 5 Minuten kräftig an.

3 Löschen Sie es im Anschluss mit der Gemüsebrühe ab und bringen Sie sie zum Kochen. Köcheln Sie die Suppe für 20 bis 25 Minuten bei mittlerer Wärmezufuhr.

4 Pürieren Sie sie nach der Garzeit mit einem Stabmixer.

5 Rühren Sie die Crème fraîche unter.

6 Schmecken Sie die Suppe nach Belieben mit den Gewürzen und der Kresse ab.

Tipp: Geeignet für Phase 3.

-VEGAN-

WÜRZIGE RUCOLASUPPE

4 Port.

15 Min.

Leicht

Zutaten

1.250 ml Gemüsebrühe
220 g Rucola
1 Prise Salz
1 Msp. Chilipulver
100 ml Sojasahne
2 EL Buchweizenmehl

Nährwerte p. P.

195 kcal
5 g Kohlenhydrate
2 g Fett
4 g Eiweiß

1 Kochen Sie die Gemüsebrühe auf.

2 Waschen Sie den Rucola und hacken Sie ihn klein. Geben Sie ihn in die Gemüsebrühe und garen Sie ihn darin 5 Minuten lang.

3 Pürieren Sie daraus eine Suppe.

4 Rühren Sie Salz, Chilipulver, Sojasahne und Buchweizenmehl unter.

Tipp: Dazu schmeckt Kräuterbrot oder ein Baguette. Geeignet für Phase 2 und 3.

Brot und Gebäck

LOW-CARB-BANANENBROT

1 Brot 50 Min. Leicht

Zutaten

3 reife Bananen
4 Eier
2 EL Kokosöl
180 g Mandelmehl
80 g Haselnüsse, gemahlen
1 TL Zimt
1 Prise Salz
2 TL Backpulver

Nährwerte p. P.

142 kcal
3 g Kohlenhydrate
9 g Fett
10 g Eiweiß

Tipp: Geeignet für Phase 3.

1 Heizen Sie den Backofen auf 180 Grad Ober-/Unterhitze vor.

2 Zerdrücken Sie die Bananen mit einer Gabel. Rühren Sie die übrigen Zutaten unter die Bananenmasse.

3 Legen Sie eine Kastenform mit Backpapier aus. Geben Sie den Teig in die Form.

4 Backen Sie das Brot darin 35 Minuten goldbraun.

5 Lassen Sie das Brot in der Kastenform auskühlen.

KÖRNERBROT MIT MÖHREN

 1 Brot

 50 Min.

 Leicht

Zutaten

1 große Möhre
150 g Sonnenblumen-kerne
70 g Leinsamen, ge-schrotet
50 g Sesam
50 g Amaranth, gepufft
1 TL Salz
3 Eiweiße
250 g Magerquark

Nährwerte p. P.

249 kcal
7 g Kohlenhydrate
14 g Fett
21 g Eiweiß

1 Heizen Sie den Backofen auf 200 Grad Ober-/Unterhitze vor.

2 Schälen und reiben Sie die Möhre. Geben Sie alle Zutaten in eine große Schüssel und rühren Sie daraus einen homogenen Teig an.

3 Lassen Sie den Teig 10 Minuten lang quellen.

4 Formen Sie daraus einen ovalen Brotteig oder geben Sie ihn in eine passende Brotform.

5 Backen Sie das Brot für 50 Minuten im vorgeheizten Backofen.

6 Lassen Sie es im Anschluss auf einem Kuchenrost abkühlen.

Tipp: Geeignet für Phase 2 und 3.

-GLUTENFREI-

NUSSBROT

 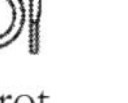 

1 Brot | 1 Std. | Leicht

Zutaten

200 g Sonnenblumenkerne
150 g Leinsamen, geschrotet
200 g Reisflocken
50 g Flohsamenschalen
50 g Cashewkerne
200 g Haselnüsse, ganz
2 TL Salz
60 ml Sonnenblumenöl
500 ml Wasser
2 EL Agavendicksaft

Nährwerte p. P.

147 kcal
11 g Kohlenhydrate
7 g Fett
5 g Eiweiß

1 Legen Sie eine Kastenform mit Backpapier aus oder fetten Sie diese gründlich ein.

2 Vermengen Sie zunächst alle festen Zutaten. Rühren Sie anschließend Öl, Wasser und Agavendicksaft unter.

3 Geben Sie den Teig in die Kastenform. Bedecken Sie ihn mit Frischhaltefolie und lassen Sie ihn für mindestens 8 Stunden im Kühlschrank quellen.

4 Heizen Sie den Backofen auf 200 Grad Ober-/Unterhitze vor. Backen Sie das Brot 30 Minuten im unteren Drittel.

5 Lassen Sie es im Anschluss auf einem Kuchenrost auskühlen.

Tipp: Geeignet für Phase 2 und 3.

BUCHWEIZENBROT MIT CHIA

1 Brot

1 Std.

Leicht

Zutaten

40 g Chiasamen
240 ml Wasser
300 g Buchweizenmehl
3 TL Backpulver
1 TL Salz
160 ml Wasser
60 ml Rapsöl

Nährwerte p. P.

124 kcal
15 g Kohlenhydrate
6 g Fett
4 g Eiweiß

1 Lassen Sie die Chiasamen 20 Minuten lang in 240 ml Wasser quellen.

2 Heizen Sie in der Zwischenzeit den Backofen auf 180 Grad Ober-/Unterhitze vor. Legen Sie eine Kastenform mit Backpapier aus.

3 Rühren Sie alle übrigen Zutaten unter die Chiasamen. Dabei entsteht ein klebriger Teig.

4 Geben Sie diesen in die Kastenform.

5 Backen Sie das Brot darin für 1 Stunde im vorgeheizten Backofen.

Tipp: Geeignet für Phase 3.

FRÜHSTÜCKSBRÖTCHEN

 6 Port.

 1 Std.

 Leicht

Zutaten

300 g Magerquark
4 Eier
15 g Leinsamenmehl
25 g Flohsamenschalen
40 g Mandeln, gemahlen
10 g Kokosmehl
10 g Sonnenblumenkerne
1 TL Backpulver
1 Prise Salz

Für das Topping:
Sesam, Schrot Mohn oder Körner nach Wahl

Nährwerte p. P.

175 kcal
5 g Kohlenhydrate
21 g Fett
19 g Eiweiß

1 Heizen Sie den Backofen auf 180 Grad Ober-/Unterhitze vor.

2 Vermengen Sie alle angegebenen Zutaten zu einem Teig. Formen Sie daraus 6 Brötchen.

3 Wenden Sie diese nach Belieben in Sesam, Mohn oder Körnern.

4 Geben Sie die Brötchen auf ein mit Backpapier belegtes Backblech.

5 Backen Sie sie für 30 bis 35 Minuten im vorgeheizten Backofen.

Tipp: Geeignet für Phase 2 bis 3.

HELLE KÖRNERBRÖTCHEN

8 Port.

55 Min.

Leicht

Zutaten

3 Eier
100 g Frischkäse
100 g Crème fraîche
50 g Mandelmehl
2 EL Flohsamenschalen
50 g Leinsamenmehl
30 g Sesam
1 TL Backpulver
1 TL Salz

Als Topping:
Kerne und Saaten nach Wahl

Nährwerte p. P.

170 kcal
4 g Kohlenhydrate
13 g Fett
8 g Eiweiß

1 Verquirlen Sie die Eier. Vermengen Sie sie anschließend mit den übrigen Zutaten.

2 Lassen Sie den Teig 20 Minuten lang quellen.

3 Heizen Sie in der Zwischenzeit den Backofen auf 175 Grad Ober-/Unterhitze vor.

4 Formen Sie nach der Ruhezeit 8 Brötchen. Wenden Sie diese nach Belieben in Kernen und Saaten.

5 Backen Sie sie auf einem mit Backpapier ausgelegten Backblech für 30 bis 35 Minuten goldbraun.

Tipp: Geeignet für Phase 2 und 3.

Hauptgerichte mit Fleisch & Geflügel

PUTENROULADE MIT SPINAT UND SCHAFSKÄSE

1 Port.

30 Min.

Mittel

Zutaten

1 Putenschnitzel
25 g Schafskäse
100 g Blattspinat
2 EL Olivenöl

Außerdem:
Salz und Pfeffer

Nährwerte p. P.

139 kcal
1 g Kohlenhydrate
13 g Fett
3 g Eiweiß

Tipp: Geeignet für Phase 3.

1 Klopfen Sie das Putenschnitzel flach. Würzen Sie es kräftig mit Salz und Pfeffer.

2 Vermengen Sie Spinat und Schafskäse miteinander.

3 Geben Sie die Hälfte der Mischung auf das Schnitzel und rollen Sie es zu einer Roulade.

4 Erhitzen Sie das Öl in einer Pfanne. Braten Sie die Roulade von allen Seiten bei mittlerer Wärmezufuhr an. Wenden Sie sie etwa alle 3 Minuten.

5 Geben Sie die übrige Spinatmischung mit in die Pfanne und erwärmen Sie diese für 5 Minuten.

6 Servieren Sie den Spinat zu der Roulade.

PUTEN-WOK MIT CASHEWNÜSSEN

4 Port. 45 Min. Leicht

Zutaten

2 Putenbrüste
4 EL helle Sojasoße
2 EL Honig
3 EL Öl
1 Bund Lauchzwiebeln
150 g gesalzene Cashewnüsse
Salz, Pfeffer

Nährwerte p. P.

461 kcal
23 g Kohlenhydrate
27 g Fett
32 g Eiweiß

1 Waschen Sie das Fleisch, tupfen Sie es trocken und schneiden Sie es in Würfel.

2 Marinieren Sie es in Sojasoße und Honig. Lassen Sie es darin 20 Minuten lang ziehen.

3 Erhitzen Sie das Öl in einer Pfanne. Braten Sie das Fleisch darin 5 Minuten lang an.

4 Waschen Sie in der Zwischenzeit die Frühlingszwiebel und schneiden Sie sie in 4 cm lange Stücke.

5 Geben Sie die Frühlingszwiebeln und Cashewnüsse zu dem Fleisch und rösten Sie sie für 1 Minute mit an.

6 Schmecken Sie das Gericht mit Salz und Pfeffer ab.

Tipp: Geeignet für Phase 2 und 3. Dazu schmeckt Reis.

HÄHNCHENSCHNITZEL MIT AUBERGINE FÜR DEN GRILL

4 Port.

15 Min.

Leicht

Zutaten

4 Hähnchen-Minutenschnitzel
Je 1 Prise Salz und Pfeffer
1 TL Oregano
1 Aubergine
4 Scheiben Gouda

Nährwerte p. P.

206 kcal
5 g Kohlenhydrate
3 g Fett
32 g Eiweiß

1 Klopfen Sie die Schnitzel, falls nötig, flach. Würzen Sie sie mit Salz, Pfeffer und Oregano.

2 Waschen Sie die Aubergine und schneiden Sie sie in Scheiben.

3 Belegen Sie die Schnitzel mit den Auberginen-Scheiben und jeweils einer Scheibe Käse.

4 Grillen Sie die Schnitzel ca. 5 bis 7 Minuten auf dem Grill oder im Backofen mit Grillfunktion.

Tipp: Geeignet für Phase 2 bis 3.

PUTEN-GEMÜSE-SPIEẞE

4 Port.

15 Min.

Leicht

Zutaten

600 g Putenschnitzel
3 EL Limettensaft
1 TL Paprikapulver, edelsüß
1 Prise Cayennepfeffer
4 EL Ketchup
Je 1 Paprika, grün, rot und gelb
1 Zucchini

Nährwerte p. P.

233 kcal
17 g Kohlenhydrate
2 g Fett
39 g Eiweiß

1 Schneiden Sie die Schnitzel in ca. 3 x 3 cm große Würfel. Marinieren Sie das Fleisch in Limettensaft, Paprikapulver, Cayennepfeffer und Ketchup.

2 Lassen Sie sie darin 10 Minuten lang ruhen.

3 Waschen Sie das Gemüse und schneiden Sie es in gleich große Stücke.

4 Spießen Sie abwechselnd Gemüse und Fleisch auf Grillspieße.

5 Garen Sie die Spieße nach Belieben auf dem Grill, in der Pfanne oder im Ofen mit Grillfunktion.

Tipp: Geeignet für Phase 2 bis 3.

INDISCHES CHICKEN

4 Port. 35 Min. Leicht

Zutaten

2 Zehen Knoblauch
10 g Ingwer
2 EL Currypulver
Je 1 Prise Salz, Pfeffer und Kreuzkümmel
150 g griechischer Joghurt
400 g Hähnchenbrustfilet
1 Schalotte
3 EL Butter
1 Msp. Chilipulver
250 g Tomaten, passiert
2 EL Zitronensaft
200 ml Kokosmilch
1 EL Tomatenmark

Nährwerte p. P.

437 kcal
10 g Kohlenhydrate
31 g Fett
27 g Eiweiß

Tipp: Geeignet für Phase 3.

1 Geben Sie Knoblauch, Ingwer, Currypulver, Salz und griechischen Joghurt in einen Standmixer. Pürieren Sie daraus eine Marinade.

2 Schneiden Sie das Hähnchenfleisch in mundgerechte Stücke. Marinieren Sie das Fleisch für 10 Minuten in der Marinade.

3 Schälen und würfeln Sie in der Zwischenzeit die Schalotte.

4 Erhitzen Sie die Butter in einer Pfanne. Dünsten Sie die Schalotte darin glasig an.

5 Geben Sie Kreuzkümmel, Pfeffer, Chilipulver, Tomaten, Zitronensaft, Kokosmilch und Tomatenmark hinzu.

6 Kochen Sie die Soße 5 Minuten lang bei mittlerer Wärmezufuhr.

7 Geben Sie das marinierte Hähnchenfleisch hinzu und garen Sie es darin für 15 Minuten bei mittlerer Wärmezufuhr.

8 Schmecken Sie das Gericht erneut mit Salz, Pfeffer und Chilipulver ab.

PUTENGULASCH MIT GEMÜSE UND REIS

4 Port.

40 Min.

Leicht

Zutaten

1 Zwiebel
Je 1 Paprika, rot und gelb
600 g Putenbrustfilet
300 g Reis
3 EL Öl
500 ml Gemüsebrühe
1 TL Currypulver
1 Prise Salz, Pfeffer und Zucker

Nährwerte p. P.

596 kcal
76 g Kohlenhydrate
11 g Fett
44 g Eiweiß

1 Erwärmen Sie ausreichend Salzwasser. Garen Sie den Reis darin für 15 Minuten bei mittlerer Wärmezufuhr.

2 Schälen Sie in der Zwischenzeit die Zwiebel und würfeln Sie sie fein. Waschen Sie die Paprika und schneiden Sie sie in mundgerechte Stücke. Schneiden Sie das Fleisch in gleich große Stücke.

3 Erhitzen Sie das Öl in einem separaten Topf. Braten Sie darin das Gemüse 5 Minuten lang an.

4 Geben Sie das Fleisch hinzu und braten Sie es weitere 5 Minuten lang kräftig mit an.

5 Löschen Sie die Mischung mit Zucker, Gemüsebrühe, Currypulver, Pfeffer und Salz ab.

6 Kochen Sie die Soße 15 Minuten bei mittlerer Wärmezufuhr.

7 Servieren Sie die Soße zu dem Reis.

Tipp: Geeignet für Phase 2 bis 3.

PUTENBÄLLCHEN

4 Port. 25 Min. Leicht

Zutaten

400 g Putenhackfleisch
2 Zehen Knoblauch
1 Ei
2 EL Limettensaft
2 EL Koriander
1 TL Kurkuma
1 Prise Pfeffer

Nährwerte p. P.

340 kcal
9 g Kohlenhydrate
23 g Fett
15 g Eiweiß

1 Heizen Sie den Backofen auf 160 Grad Umluft vor.

2 Pürieren Sie alle angegebenen Zutaten in einem Standmixer.

3 Formen Sie daraus kleine Bällchen. Geben Sie sie in eine Auflaufform.

4 Backen Sie die Fleischbällchen für 15 bis 20 Minuten, je nach Größe, gar.

Tipp: Geeignet für Phase 2 und 3. Dazu schmecken ein Salat, ein Dip und ein Baguette.

Hauptgerichte mit Fisch & Meeresfrüchten

PASTA MIT GARNELEN-RUCOLA

4 Port.

15 Min.

Leicht

Zutaten

80 g Rucola
2 Tomaten
500 g Vollkorn-Spaghetti
1 Prise Salz und Pfeffer
1 Zitrone
300 g Garnelen
2 Zehen Knoblauch, gepresst
1 rote Chilischote, fein gehackt
2 EL Olivenöl

Nährwerte p. P.

538 kcal
80 g Kohlenhydrate
9 g Fett
32 g Eiweiß

1 Waschen Sie den Rucola und tupfen Sie ihn trocken. Zerkleinern Sie ihn nach Belieben.

2 Kochen Sie die Nudeln nach Packungsanweisung in gesalzenem Wasser. Gießen Sie sie anschließend durch ein Sieb ab.

3 Waschen Sie die Zitrone. Reiben Sie die Schale ab und pressen Sie den Saft aus. Vermengen Sie Garnelen, Knoblauch, Chilischote und Pfeffer miteinander.

4 Erhitzen Sie das Öl in einer Pfanne. Braten Sie die Garnelen darin 3 Minuten lang an.

5 Schmecken Sie sie zum Abschluss mit Zitronenabrieb und Zitronensaft ab. Geben Sie die Tomaten hinzu und dünsten Sie sie für 2 Minuten mit an.

6 Rühren Sie den Rucola und die Nudeln unter und richten Sie das Gericht auf Tellern an.

Tipp: Geeignet für Phase 3.

OMELETT MIT GRÜNKOHL UND LACHS

2 Port. 25 Min. Mittel

Zutaten

2 Eier
4 Blatt frischen Grünkohl oder 5 EL TK
2 EL Olivenöl
2 EL Frischkäse mit Meerrettich
3 Scheiben Räucherlachs

Nährwerte p. P.

72 kcal
1 g Kohlenhydrate
5 g Fett
5 g Eiweiß

1 Vermengen Sie Eier und Grünkohl mit einem Mixer zu einer homogenen Masse.

2 Erhitzen Sie das Öl in einer Pfanne. Braten Sie aus der Ei-Mischung 2 Omeletts. Wenden Sie diese nach etwa 1 bis 2 Minuten.

3 Bestreichen Sie diese mit Frischkäse und geben Sie den Lachs darauf.

4 Rollen Sie die Omeletts zu einem Wrap und servieren Sie diese warm.

Tipp: Geeignet für Phase 2 und 3.

LACHS-SALAT MIT AVOCADO

1 Port. 50 Min. Leicht

Zutaten

100 g Lachsaufschnitt
½ Avocado
10 g Petersilie, fein gehackt
50 g Rucola
50 g Stangensellerie
10 g Sellerieblätter
1 Dattel
20 g Walnüsse, klein gehackt
½ Zwiebel, rot
1 EL Olivenöl
1 Prise Salz und Pfeffer
½ Zitrone, ausgepresst

Nährwerte p. P.

556 kcal
6 g Kohlenhydrate
54 g Fett
32 g Eiweiß

Tipp: Geeignet für Phase 3.

1 Entkernen Sie die Avocado und schneiden Sie sie in dünne Scheiben. Waschen Sie Petersilie, Rucola, Stangensellerie und Sellerieblätter.

2 Zerkleinern Sie alle festen Zutaten und vermengen Sie sie in einer großen Schüssel.

3 Geben Sie Olivenöl, Pfeffer, Salz und den Zitronensaft darüber. Vermengen Sie den Salat.

4 Lassen Sie ihn einige Minuten lang ruhen.

LACHS IN KRÄUTER-PARMESAN-KRUSTE

2 Port.

25 Min.

Leicht

Zutaten

400 g Lachs mit Haut
½ Zitrone
1 Zehe Knoblauch
½ Bund Petersilie, klein gehackt
½ Zweig Salbei, klein gehackt
30 g Walnüsse, gehackt
20 g Parmesan, gerieben
1 EL Butter
120 ml Joghurt
1 Prise Meersalz

Nährwerte p. P.

660 kcal
6 g Kohlenhydrate
48 g Fett
49 g Eiweiß

1 Heizen Sie den Backofen auf 200 Grad Ober-/Unterhitze vor.

2 Waschen Sie den Lachs und tupfen Sie ihn trocken. Reiben Sie die Schale der Zitrone ab. Schälen und pressen Sie den Knoblauch klein.

3 Vermengen Sie Zitronenabrieb, Knoblauch, Petersilie, Salbei, Walnüsse und Parmesan mit der Butter.

4 Bestreichen Sie den Lachs mit der Butter-Mischung.

5 Geben Sie den Fisch in eine kleine Auflaufform und backen Sie ihn darin für 25 Minuten.

6 Servieren Sie ihn mit Joghurt und Meersalz.

Tipp: Dazu passen Kartoffeln oder ein Dinkelbaguette. Geeignet für Phase 3

TAGLIATELLE MIT LACHS

4 Port. 30 Min. Leicht

Zutaten

250 g Lachs
2 EL Olivenöl
2 Schalotten, klein gehackt
2 Zehen Knoblauch, gepresst
200 ml Weißwein, trocken
200 ml Gemüsebrühe
1 Dose Tomaten, klein
2 TL Tomatenmark
1 Prise Salz und Pfeffer
200 ml Sahne
500 g Tagliatelle
1 TL Dill, gehackt
2 EL Petersilie, gehackt

Nährwerte p. P.

348 kcal
69 g Kohlenhydrate
2 g Fett
12 g Eiweiß

Tipp: Geeignet für Phase 2 und 3.

1 Bringen Sie ausreichend gesalzenes Wasser zum Kochen. Kochen Sie die Tagliatelle darin bissfest.

2 Schneiden Sie den Lachs in kleine Würfel.

3 Erhitzen Sie das Olivenöl in einer Pfanne. Braten Sie den Fisch darin 5 Minuten an. Wenden Sie ihn dabei regelmäßig.

4 Geben Sie Schalotten und Knoblauch hinzu und dünsten Sie diese weitere 2 Minuten mit an.

5 Löschen Sie die Mischung mit Weißwein, Gemüsebrühe, Tomaten, Tomatenmark Salz und Pfeffer ab.

6 Köcheln Sie die Soße 10 Minuten lang bei mittlerer Wärmezufuhr.

7 Rühren Sie die Sahne unter und schmecken Sie die Soße kräftig mit Dill und Petersilie ab.

8 Heben Sie die gekochten Tagliatelle unter die Soße.

Vegetarische Hauptgerichte

POCHIERTE EIER AUF GRÜNKOHL

2 Port. 10 Min. Leicht

Zutaten

2 Eier
200 g Grünkohl

Außerdem:
Wasser zum Kochen.
Salz, Pfeffer und Gewürze

Nährwerte p. P.

76 kcal
2 g Kohlenhydrate
4 g Fett
6 g Eiweiß

1 Bringen Sie ausreichend Wasser zum Kochen. Geben Sie die Eier für 10 Sekunden in das sprudelnd kochende Wasser.

2 Schrecken Sie sie anschließend sofort mit kaltem Wasser ab. Schlagen Sie die Eier in das Wasser auf. Heben Sie sie nach ca. 2 Minuten mit einem Schaumlöffel aus dem Wasser.

3 Zerkleinern Sie den Grünkohl und erwärmen Sie ihn in dem Wasser.

4 Servieren Sie Grünkohl und Eier gemeinsam und schmecken Sie sie nach Belieben mit Gewürzen ab.

Tipp: Geeignet für Phase 2 und 3.

TABOULEH

4 Port.

30 Min.

Leicht

Zutaten

½ Blumenkohl
250 g Cherrytomaten
1 Zwiebel, rot
1 Gurke
½ Bund Petersilie
5 Stiele Minze
3 EL Pinienkerne
4 EL Olivenöl
1 Zitrone
Salz und Pfeffer

Nährwerte p. P.

218 kcal
14 g Kohlenhydrate
15 g Fett
6 g Eiweiß

1 Teilen Sie den Blumenkohl in Röschen und waschen Sie diese gründlich. Zerkleinern Sie sie in einem Mixer.

2 Waschen und halbieren Sie die Tomaten. Schälen Sie die Zwiebel und würfeln Sie sie.

3 Schälen Sie die Gurke und schneiden Sie diese in feine Würfel. Waschen Sie außerdem die Kräuter und hacken Sie sie klein.

4 Erhitzen Sie 2 EL Öl in einer Pfanne. Rösten Sie die Pinienkerne darin 2 Minuten lang an.

5 Halbieren Sie die Zitrone und pressen Sie sie aus. Vermengen Sie den Zitronensaft mit 2 EL Öl, Salz und Pfeffer.

6 Verrühren Sie alle Zutaten in einer großen Schüssel.

7 Lassen Sie das Tabouleh mindestens 1 Stunde ruhen.

Tipp: Geeignet für Phase 3. Dazu schmecken ein Dinkelbaguette und etwas Quark als Dip.

GEMÜSE AUF HÜTTENKÄSE

2 Port. 10 Min. Leicht

Zutaten

150 g Cherrytomaten
½ Gurke
½ Paprika
150 g körniger Frischkäse
1 TL Kapern
1 EL grüne Oliven
2 EL Olivenöl

Nach Belieben:
Salz, Pfeffer, Pistazien

Nährwerte p. P.

160 kcal
19 g Kohlenhydrate
9 g Fett
6 g Eiweiß

1 Waschen Sie das Gemüse. Halbieren Sie die Tomaten, schneiden Sie die Gurke in Scheiben und die Paprika in kleine Würfel.

2 Verteilen Sie den Frischkäse auf 2 Teller. Verteilen Sie das Gemüse gleichmäßig darüber.

3 Geben Sie jeweils die Hälfte der Kapern, Oliven und des Olivenöls darüber.

4 Garnieren Sie das Gericht nach Belieben mit Salz, Pfeffer und Pistazien.

Tipp: Geeignet für Phase 2 und 3.

PROTEIN-PIZZA

2 Port.

30 Min.

Leicht

Zutaten

300 g Dinkelmehl Type 630
3 TL Backpulver
1 Prise Salz
150 g Magerquark
100 ml Wasser
100 ml Sonnenblumenöl
100 ml Tomatensoße
100 g Mozzarella

Nährwerte p. P.

280 kcal
29 g Kohlenhydrate
14 g Fett
8 g Eiweiß

1 Heizen Sie den Backofen auf 200 Grad Ober-/Unterhitze vor.

2 Vermengen Sie Dinkelmehl, Backpulver, Salz, Magerquark, Wasser und Sonnenblumenöl zu einem Teig.

3 Formen Sie daraus eine Pizza und geben Sie den Teig auf ein mit Backpapier belegtes Backblech. Verteilen Sie die Tomatensoße darauf.

4 Geben Sie den Mozzarella gleichmäßig darüber und backen Sie die Pizza für 10 bis 15 Minuten.

Tipp: Als Fleisch-Variante kann aus der Margherita- eine Schinken-Pizza gemacht werden. Geeignet für Phase 2 bis 3.

BOHNEN-TOMATEN MIT FETA

2 Port. 15 Min. Leicht

Zutaten

400 g grüne Bohnen
200 g Cherrytomaten
50 g Feta
20 g Walnüsse
1 Handvoll Basilikumblätter
2 EL Olivenöl
1 EL Zitronensaft

Nährwerte p. P.

290 kcal
21 g Kohlenhydrate
16 g Fett
10 g Eiweiß

1 Waschen Sie die Bohnen. Schneiden Sie die Enden ab.

2 Bringen Sie ausreichend Wasser zum Kochen. Garen Sie die Bohnen darin bei mittlerer Wärmezufuhr 10 Minuten bissfest. Schrecken Sie sie im Anschluss mit kaltem Wasser ab.

3 Waschen Sie in der Zwischenzeit die Tomaten und halbieren Sie sie. Zerbröseln Sie den Feta und hacken Sie die Walnüsse klein. Zerkleinern Sie die Basilikumblätter.

4 Vermengen Sie alle festen Zutaten miteinander.

5 Garnieren Sie sie mit Olivenöl und Zitronensaft.

Tipp: Geeignet für Phase 2 bis 3.

Vegane Hauptgerichte

TOFU-MISO MIT SESAM

 2 Port.

 25 Min.

 Leicht

Zutaten

150 g Tofu
1 EL Mirin (japanischer Reiswein)
20 g Miso-Paste (japanische Gewürzpaste)
1 TL Kurkuma
1 TL Sojasoße
2 TL Sesam
40 g Selleriestange
½ Zwiebel
120 g Zucchini
1 Thai-Chili
1 Zehe Knoblauch
1 kleines Stück Ingwer
50 g Grünkohl
2 TL Olivenöl
35 g Buchweizen

Nährwerte p. P.

220 kcal
28 g Kohlenhydrate
3 g Fett
6 g Eiweiß

Tipp: Geeignet für Phase 3.

1 Heizen Sie den Backofen auf 200 Grad Ober-/Unterhitze vor.

2 Vermengen Sie Mirin mit der Miso-Paste. Schneiden Sie den Tofu in mundgerechte Stücke und legen Sie diese 10 Minuten lang in der Miso-Mischung ein.

3 Geben Sie es anschließend in eine Auflaufform. Verteilen Sie Sesam, Kurkuma und Sojasoße darauf.

4 Backen Sie den Tofu 15 Minuten im Backofen.

5 Waschen und schneiden Sie in der Zwischenzeit Selleriestangen, Zwiebeln, Zucchini, Chili, Knoblauch, Ingwer und Grünkohl in kleine Würfel.

6 Erhitzen Sie das Öl in einem Wok oder einer tiefen Pfanne.

7 Dünsten Sie das gesamte Gemüse für 5 Minuten kräftig an. Wenden Sie es dabei regelmäßig.

8 Bereiten Sie gleichzeitig den Buchweizen nach Packungsanweisung zu.

9 Servieren Sie das Gemüse zu dem Tofu und garnieren Sie es mit dem Buchweizen.

SOBA-NUDELN MIT BROKKOLI UND EDAMAMEE

4 Port.

40 Min.

Leicht

Zutaten

60 g Erdnüsse
300 g Brokkoliröschen
1 Prise Salz und Pfeffer
150 g Edamame, tiefgekühlt und aufgetaut
4 Frühlingszwiebeln
1 Prise Koriander
300 g Soba-Nudeln (Buchweizennudeln)
1 Zehe Knoblauch, gepresst
10 g Ingwer, gepresst
1 Limetten, ausgepresst
3 EL Erdnussmus
3 TL Sojasoße
3 TL Reisessig
2 EL Sesamöl

Nährwerte p. P.

612 kcal
56 g Kohlenhydrate
27 g Fett
34 g Eiweiß

1 Rösten Sie die Erdnüsse in einer Pfanne, ohne Zugabe von Fett, für 3 Minuten kräftig an.

2 Waschen Sie die Brokkoliröschen. Kochen Sie sie in ausreichend gesalzenem Wasser für 3 Minuten. Schrecken Sie den Brokkoli im Anschluss mit kaltem Wasser ab.

3 Garen Sie jetzt die Edamame in demselben Wasser für 1 Minute gar. Schrecken Sie auch die Edamame mit kaltem Wasser ab.

4 Waschen Sie Frühlingszwiebeln und schneiden Sie sie in dünne Ringe. Zerkleinern Sie den Koriander grob.

5 Kochen Sie die Nudeln nach Packungsanweisung gar. Gießen Sie sie anschließend durch ein Sieb ab.

6 Vermengen Sie Nudeln, Knoblauch, Ingwer, Limettensaft, Erdnussmus, Sojasoße, Reisessig und Pfeffer miteinander.

7 Erhitzen Sie das Sesamöl in einem Wok. Schwenken Sie die Nudelmischung darin 2 Minuten lang durch.

8 Geben Sie Brokkoli, Edamame, Frühlingszwiebeln und Koriander hinzu und dünsten Sie alles für weitere 5 Minuten an.

9 Garnieren Sie das Gericht mit den gerösteten Erdnüssen.

Tipp: Geeignet für Phase 2 und 3.

LINSEN-PASTA

3 Port.

30 Min.

Leicht

Zutaten

50 g Pinienkerne
2 Zehen Knoblauch,
125 g getrocknete Tomaten
4 EL Olivenöl
1 TL Balsamico
1 TL Zitronensaft
Je 1 Prise Salz und Pfeffer
1 Bund Rucola
½ Bund Basilikum
1 Zwiebel, rot
250 g Cherrytomaten
250 g Linsennudeln

Nährwerte p. P.

552 kcal
50 g Kohlenhydrate
27 g Fett
27 g Eiweiß

1 Rösten Sie die Pinienkerne in einer Pfanne, ohne Zugabe von Fett, 3 Minuten lang kräftig an.

2 Pürieren Sie 40 g Pinienkerne, Knoblauch, getrocknete Tomaten, 3 EL Öl, Essig und Zitronensaft zu einem Pesto. Schmecken Sie es mit Salz und Pfeffer ab.

3 Waschen Sie Rucola und Basilikum und zerkleinern Sie es zu einer Mischung. Schälen Sie die Zwiebel und schneiden Sie sie in Streifen. Waschen Sie die Tomaten und halbieren Sie sie.

4 Kochen Sie die Nudeln nach Packungsanweisung und gießen Sie sie anschließend durch ein Sieb ab.

5 Erhitzen Sie in der Zwischenzeit das restliche Öl. Dünsten Sie die Zwiebelstreifen darin glasig an. Geben Sie die Tomaten hinzu und dünsten Sie sie 2 Minuten lang mit an.

6 Rühren Sie Pesto, Nudeln, Basilikum-Rucola und die übrigen Pinienkerne unter.

7 Lassen Sie das Gericht 5 Minuten lang ziehen.

Tipp: Geeignet für Phase 2 und 3.

EINFACHES OFENGEMÜSE

4 Port.

35 Min.

Leicht

Zutaten

1 Kg Kartoffeln, vorgekocht und gepellt
3 Zucchini
500 g Cocktailtomaten
5 EL Olivenöl
1 Prise Salz und Pfeffer
200 g Kräuterquark

Nährwerte p. P.

308 kcal
44 g Kohlenhydrate
10 g Fett
11 g Eiweiß

1 Heizen Sie den Backofen auf 200 Grad Ober-/Unterhitze vor.

2 Schneiden Sie die Kartoffeln in Spalten. Waschen Sie das übrige Gemüse gründlich ab. Schneiden Sie alles in mundgerechte Stücke.

3 Geben Sie das gesamte Gemüse auf ein mit Backpapier ausgelegtes Backblech. Geben Sie Olivenöl, Salz und Pfeffer über das Gemüse.

4 Backen Sie das Gemüse für 10 bis 15 Minuten im Backofen.

5 Servieren Sie es im Anschluss mit dem Kräuterquark.

Tipp: Geeignet für Phase 2 bis 3.

LINSEN-ALLERLEI

 4 Port.  30 Min.  Leicht

Zutaten

300 g Rote Linsen
1 Glas Kichererbsen
1 Bund Radieschen
1 Zwiebel
1 Zehe Knoblauch
7 EL Olivenöl
4 EL heller Balsamico

Nach Belieben:
Salz, Pfeffer, Estragon

Nährwerte p. P.

521 kcal
68 g Kohlenhydrate
20 g Fett
23 g Eiweiß

1 Kochen Sie die Linsen nach Packungsanweisung.

2 Waschen und putzen Sie die Radieschen. Schneiden Sie sie in dünne Scheiben. Schälen Sie Zwiebel und Knoblauch und hacken Sie daraus kleine Würfel.

3 Rühren Sie aus Knoblauch, Olivenöl, Balsamico, Salz, Pfeffer und Estragon ein Dressing an.

4 Vermengen Sie Linsen, Kichererbsen, Radieschen und Zwiebeln miteinander.

5 Geben Sie das Dressing darüber.

Tipp: Geeignet für Phase 3.

TOMATENRISOTTO

4 Port. 25 Min. Leicht

Zutaten

1 Zwiebel
1 Zehe Knoblauch
500 g Cherrytomaten
1 Liter Gemüsebrühe
5 EL Olivenöl
2 EL Tomatenmark
300 g Risottoreis
150 g Rucola
2 EL Zitronensaft

Nach Belieben:
Salz, Pfeffer

Nährwerte p. P.

398 kcal
71 g Kohlenhydrate
9 g Fett
7 g Eiweiß

1 Heizen Sie den Backofen auf 180 Grad Ober-/Unterhitze vor.

2 Schälen und zerkleinern Sie Zwiebel und Knoblauch.

3 Bringen Sie die Gemüsebrühe zum Kochen. Erhitzen Sie in der Zwischenzeit 2 EL Olivenöl in einer Pfanne. Dünsten Sie Zwiebel, Knoblauch und Tomatenmark darin für 5 Minuten auf mittlerer Stufe an.

4 Geben Sie den Risottoreis hinzu und rösten Sie ihn kurz mit an. Löschen Sie die Mischung mit der kochenden Gemüsebrühe ab. Köcheln Sie das Risotto auf niedrigster Stufe für 20 Minuten.

5 Waschen und halbieren Sie in der Zwischenzeit die Tomaten. Geben Sie sie in eine kleine Auflaufform. Verteilen Sie 3 EL Olivenöl, Salz und Pfeffer darüber.

6 Backen Sie die Tomaten 15 Minuten im vorgeheizten Backofen.

7 Waschen Sie in der Zwischenzeit den Rucola und vermengen Sie ihn mit dem Zitronensaft.

8 Verteilen Sie das Risotto auf 4 Schüsseln. Geben Sie den Rucola darauf und garnieren Sie das Gericht mit den gebackenen Tomaten.

Tipp: Geeignet für Phase 3.

Fingerfood & Snacks

GRÜNKOHLCHIPS

4 Port. 40 Min. Leicht

Zutaten

300 g Grünkohl
3 EL Olivenöl
1 TL Salz
Je ½ TL Pfeffer und Chilipulver
1 TL Thymian

Nährwerte p. P.

83 kcal
2 g Kohlenhydrate
6 g Fett
3 g Eiweiß

1 Heizen Sie den Backofen auf 100 Grad Ober-/Unterhitze vor.

2 Waschen Sie den Grünkohl und schneiden Sie aus den Blättern kleine, mundgerechte Stücke. Trocknen Sie diese gründlich ab.

3 Vermengen Sie die kleinen Blätter mit Olivenöl, Salz, Pfeffer, Chilipulver und Thymian in einer großen Schüssel.

4 Verteilen Sie die Blätter anschließend auf einem mit Backpapier ausgelegten Backblech.

5 Backen Sie sie für 30 Minuten im vorgeheizten Backofen. Öffnen Sie währenddessen alle 5 Minuten die Backofentür, damit die Feuchtigkeit entweichen kann.

6 Lassen Sie die Chips auf Küchenpapier abtropfen und auskühlen.

Tipp: Geeignet für Phase 2 und 3.

ENERGY-BALLS MIT KOKOSRASPELN

10 Port.

15 Min.

Leicht

Zutaten

4 Datteln, frisch
150 g Mandeln
3 EL Honig
4 EL Kokosnuss-Mus
150 g Kokosraspeln
1 Prise Salz

Nährwerte p. P.

220 kcal
5 g Kohlenhydrate
8 g Fett
10 g Eiweiß

Tipp: Geeignet für Phase 3.

1 Entsteinen Sie die Datteln und hacken Sie sie klein. Stellen Sie 50 g Kokosraspeln zum Wenden beiseite.

2 Geben Sie alle anderen Zutaten in eine große Schüssel und vermengen Sie sie mit einem Handrührgerät.

3 Formen Sie aus dem Teig ca. 10 Kugeln. Wenden Sie diese in den Kokosraspeln.

4 Lagern Sie die Kugeln in einem luftdichten Gefäß im Kühlschrank.

NUSS-DATTEL-BITES

20 Port. 10 Min. Leicht

Zutaten

1 Vanilleschote
120 g Walnüsse
30 g dunkle Schokolade (mindestens 85 % Kakao mindestens)
250 g Medjoul- Datteln
1 EL reines Kakaopulver
1 EL Kurkuma
1 EL Olivenöl

Nährwerte p. P.

80 kcal
11 g Kohlenhydrate
54 g Fett
13 g Eiweiß

1 Schneiden Sie die Vanilleschote der Länge nach auf und kratzen Sie das Mark heraus. Hacken Sie die Walnüsse, Schokolade und Datteln klein.

2 Vermengen Sie alle Zutaten mit einem Mixer zu einer festen Masse. Kneten Sie daraus ca. 20 Kugeln. Feuchten Sie Ihre Hände dafür an und drücken Sie die Kugeln fest.

3 Falls der Teig zu locker ist, rühren Sie 1 bis 2 EL Wasser unter.

4 Stellen Sie die Kugeln mindestens 30 Minuten kalt.

Tipp: Geeignet für Phase 2 und 3.

LIMABOHNENDIP

 4 Port.

 10 Min.

 Leicht

Zutaten

400 g Limabohnen
3 EL Olivenöl
5 EL Zitronensaft
4 Frühlingszwiebeln
1 Zehe Knoblauch
¼ TL Chili

Nährwerte p. P.

100 kcal
35 g Kohlenhydrate
3 g Fett
6 g Eiweiß

1 Waschen Sie die Limabohnen gründlich ab und lassen Sie sie trocknen. Waschen Sie die Frühlingszwiebeln und schneiden Sie sie in dünne Ringe.

2 Vermengen Sie alle angegebenen Zutaten in einer Schüssel und zerstampfen Sie sie mit einem Kartoffelstampfer.

Tipp: Der Dip schmeckt zu Keksen, Baguette, Brot und Gemüse. Geeignet für Phase 2 und 3.

ITALIENISCHE BRUSCHETTA

10 Port.

15 Min.

Leicht

Zutaten

1 Dinkelbaguette
3 EL Olivenöl
3 Zehen Knoblauch
50 g getrocknete Tomaten
2 große Tomaten

Nach Belieben:
Meersalz, Pfeffer, Petersilie

Nährwerte p. P.

98 kcal
38 g Kohlenhydrate
4 g Fett
2 g Eiweiß

Tipp: Geeignet für Phase 3.

1 Schneiden Sie das Baguette in Scheiben. Erhitzen Sie 1 EL Olivenöl in einer Pfanne.

2 Schälen Sie die Knoblauchzehen und geben Sie sie im Ganzen in die Pfanne. Geben Sie die Baguettescheiben nach und nach mit in die Pfanne und rösten Sie diese von beiden Seiten an.

3 Würzen Sie sie dabei mit Meersalz, Pfeffer und Petersilie. Zerkleinern Sie die getrockneten und frischen Tomaten in kleine Würfel.

4 Vermengen Sie sie mit 2 EL Olivenöl, Meersalz, Pfeffer und Petersilie.

5 Geben Sie die Mischung auf die Baguettescheiben.

Desserts

OBSTSALAT MIT NÜSSEN

2 Port.

15 Min.

Leicht

Zutaten

1 Apfel
100 g Erdbeeren
1 Orange
10 g Haselnüsse
5 Walnüsse
1 EL Leinsamen
1 TL Leinöl

Nährwerte p. P.

327 kcal
21 g Kohlenhydrate
3 g Fett
1 g Eiweiß

1 Waschen Sie das Obst und schneiden Sie alles in mundgerechte Stücke. Hacken Sie die Nüsse klein.

2 Vermengen Sie alles miteinander. Geben Sie zum Abschluss Leinsamen und Leinöl über den Obstsalat.

Tipp: Geeignet für Phase 3.

MOUSSE AU CHOCOLAT

4 Port. 15 Min. Leicht

Zutaten

250 g Zartbitterschokolade, mind. 70 %
100 ml Espresso
140 ml Wasser

Nährwerte p. P.

382 kcal
39 g Kohlenhydrate
21 g Fett
5 g Eiweiß

1 Schmelzen Sie die Schokolade in einem Wasserbad. Schlagen Sie sie für 1 Minute mit einem Handrührgerät auf.

2 Geben Sie Espresso und Wasser hinzu und schlagen Sie die Mischung weitere 5 Minuten auf.

3 Verteilen Sie das Mousse auf 4 Dessertschüsseln und stellen Sie es für mindestens 1 Stunde kalt.

Tipp: Geeignet für Phase 3. Servieren Sie das Mousse au Chocolat nach Belieben mit Obst.

CHIA-PUDDING

1 Port.

5 Min.

Leicht

Zutaten

1 Dose Kokosmilch
4 EL Chiasamen
2 EL Goji-Beeren

Nährwerte p. P.

94 kcal
2 g Kohlenhydrate
6 g Fett
4 g Eiweiß

Tipp: Geeignet für Phase 3.

1 Vermengen Sie die angegebenen Zutaten in einer Schüssel.

2 Lassen Sie den Pudding mindestens 3 Stunden, besser jedoch über Nacht, quellen.

QUINOA-PUDDING

2 Port.

20 Min.

Leicht

Zutaten

100 g Quinoa
300 ml Wasser
2 Äpfel
2 EL Walnüsse

Nach Belieben:
Honig

Nährwerte p. P.

316 kcal
46 g Kohlenhydrate
9 g Fett
8 g Eiweiß

1 Waschen Sie die Quinoakugeln mit kaltem Wasser ab. Vermengen Sie sie anschließend mit dem Wasser und köcheln Sie sie darin für 15 Minuten bei niedriger Wärmezufuhr.

2 Nehmen Sie den Topf vom Herd und lassen Sie die Mischung 5 Minuten quellen.

3 Waschen Sie in der Zwischenzeit die Äpfel und schneiden Sie sie in mundgerechte Stücke.

4 Hacken Sie die Walnüsse klein. Rühren Sie die Äpfel unter den Pudding.

5 Garnieren Sie ihn im Anschluss mit den Walnüssen und nach Belieben mit Honig.

Tipp: Geeignet für Phase 2 und 3.

LOW-CARB-PUDDING

4 Port.

1 Std. 20 Min.

Leicht

Zutaten

100 g Zartbitterschokolade (mind. 80 % Kakaoanteil)
2 Eier
50 g Xylit (Zuckerersatz)
1 Vanilleschote
150 ml Kokosmilch

Außerdem:
2 EL Kakao-Nibs zum Bestreuen

Nährwerte p. P.

281 kcal
21 g Kohlenhydrate
17 g Fett
14 g Eiweiß

Tipp: Geeignet für Phase 2 und 3.

1 Schmelzen Sie die Schokolade über einem Wasserbad.

2 Trennen Sie die Eier. Schlagen Sie das Eiweiß mit dem Xylit steif.

3 Schneiden Sie die Vanilleschote der Länge nach auf und kratzen Sie das Mark heraus.

4 Rühren Sie das Mark, die Kokosmilch und die Schokolade unter das Eiweiß.

5 Verteilen Sie den Pudding auf 4 Gläser und stellen Sie diese 1 Stunde lang in den Kühlschrank.

6 Garnieren Sie den Pudding vor dem Servieren mit den Kakaonibs.

KÄSEKUCHEN

1 Port.

1 Std.
40 Min.

Leicht

Zutaten

500 g Magerquark
6 Eier
125 g Butter, weich
2 TL Zitronenabrieb
5 EL Zitronensaft
1 Vanilleschote
130 g Xylit (Zuckerersatz)
40 g Kokosmehl
1 Prise Salz

Nährwerte p. P.

181 kcal
14 g Kohlenhydrate
10 g Fett
12 g Eiweiß

Tipp: Geeignet für Phase 3.

1 Vermengen Sie alle angegebenen Zutaten in einer großen Schüssel zu einem homogenen Teig. Lassen Sie den Teig darin 30 Minuten lang ruhen.

2 Heizen Sie in der Zwischenzeit den Backofen auf 140 Grad Umluft vor. Fetten Sie eine Auflaufform ein oder legen Sie diese mit Backpapier aus.

3 Geben Sie den Teig nach der Ruhezeit in die Form und backen Sie den Kuchen darin 55 Minuten.

4 Lassen Sie den Kuchen in der Form auskühlen.

Smoothies (Gemüse und Obst)

GRÜNKOHL-SMOOTHIE

2 Port.

15 Min.

Leicht

Zutaten

150 g Grünkohl
2 Orangen
1 Banane
10 g Ingwer
250 ml Mineralwasser, medium

Nährwerte p. P.

153 kcal
26 g Kohlenhydrate
1 g Fett
5 g Eiweiß

1 Waschen Sie den Grünkohl gründlich ab. Blanchieren Sie ihn kurz in Salzwasser, schrecken Sie ihn anschließend mit kaltem Wasser ab.

2 Häuten Sie die Orangen, entfernen Sie die weiße Haut dabei möglichst sorgfältig.

3 Schälen Sie außerdem die Banane und den Ingwer.

4 Geben Sie alle Zutaten in einen Standmixer und pürieren Sie alles zu einem feinen Smoothie.

5 Servieren Sie den Smoothie nach Belieben mit Eiswürfeln.

Tipp: Geeignet für Phase 1 bis 3.

ERDBEER-BIRNEN-SMOOTHIE

2 Port.

10 Min.

Leicht

Zutaten

125 g Erdbeeren
100 g Birne
3 EL Joghurt, fettarm
1 EL Zitronensaft
2 EL Haferflocken

Nährwerte p. P.

176 kcal
34 g Kohlenhydrate
2 g Fett
4 g Eiweiß

Tipp: Geeignet für Phase 1 bis 3.

1 Waschen Sie die Erdbeeren und entfernen Sie das Grün sowie den Stiel. Schälen Sie die Birne und entfernen Sie den Strunk.

2 Geben Sie alle Zutaten in einen Standmixer und pürieren Sie daraus einen Smoothie.

3 Servieren Sie den Smoothie sofort oder bewahren Sie ihn im Kühlschrank auf.

GRÜNER ROMANA-SMOOTHIE

2 Port. 10 Min. Leicht

Zutaten

1 Apfel, grün
50 g Heidelbeeren
1 Romanasalat
1 Handvoll Babyspinat
10 Blätter frische Minze
1 EL Honig
200 ml Wasser, kalt

Nährwerte p. P.

100 kcal
19 g Kohlenhydrate
1 g Fett
4 g Eiweiß

1 Waschen Sie den Apfel und das gesamte Gemüse. Trocknen Sie es gründlich ab.

2 Geben Sie alle Zutaten in einen Standmixer.

3 Pürieren Sie daraus einen schaumigen Smoothie und servieren Sie ihn sofort.

Tipp: Geeignet für Phase 1 bis 3.

WASSERMELONEN-SMOOTHIE

 2 Port.

 10 Min.

 Leicht

Zutaten

½ Wassermelone
1 Pitahaya (Drachenfrucht)
½ Zitrone
¼ Bund Minze
50 ml Kokoswasser
1 EL Agavendicksaft

Nährwerte p. P.

146 kcal
28 g Kohlenhydrate
1 g Fett
3 g Eiweiß

1 Heben Sie das Fruchtfleisch der Wassermelone und der Drachenfrucht mit einem Löffel heraus. Pressen Sie die Zitrone aus.

2 Geben Sie den Zitronensaft mit allen übrigen Zutaten in einen Standmixer und pürieren Sie die Zutaten zu einem Smoothie. Heben Sie dabei einige Minzblätter auf.

3 Servieren Sie ihn mit einigen Eiswürfeln und garnieren Sie die Smoothies mit den Minzblättern.

Tipp: Geeignet für Phase 1 bis 3.

ERFRISCHENDER GURKEN-SMOOTHIE

4 Port.

5 Min.

Leicht

Zutaten

1 Gurke
1 Apfel
½ Limette, den Abrieb und Saft
3 Stängel Minze
200 ml Buttermilch
300 ml Kokosmilch

Zum Garnieren:
Minzblätter
Gurkenscheiben

1 Waschen Sie die Gurke, schneiden Sie die Enden ab und zerkleinern Sie die Gurke grob.

2 Entfernen Sie den Stiel und das Gehäuse des Apfels. Schälen Sie ihn nach Belieben.

3 Geben Sie alle Zutaten in einen Standmixer.

4 Pürieren Sie die Zutaten für mindestens 1 Minute auf höchster Stufe.

5 Verteilen Sie den Smoothie auf 4 Gläser und garnieren Sie diese mit Gurkenscheiben und Minzblättern.

Nährwerte p. P.

64 kcal
8 g Kohlenhydrate
1 g Fett
15 g Eiweiß

Tipp: Geeignet für Phase 1 bis 3.

ROTKOHL-SMOOTHIE MIT BIRNENSAFT

 2 Port.
 10 Min.
 Leicht

Zutaten

125 g Rotkohl
½ Birne
½ Zitrone
40 g Gurke
100 ml Birnendirektsaft
½ EL Agavendicksaft
6 Minzblätter

Nährwerte p. P.

79 kcal
17 g Kohlenhydrate
1 g Fett
4 g Eiweiß

1 Schneiden Sie den Rotkohl in grobe Stücke und waschen Sie diese. Waschen Sie die Birne und pressen Sie den Saft der Zitrone aus.

2 Geben Sie alle Zutaten, bis auf die Hälfte der Minzblätter, in einen Standmixer. Pürieren Sie die Zutaten für mindestens 30 Sekunden.

3 Verteilen Sie den Smoothie auf 2 Gläser und garnieren Sie ihn mit den Minzblättern.

Tipp: Geeignet für Phase 1 bis 3.

GRÜNER TRAUBEN-SMOOTHIE

 2 Port.
 5 Min.
 Leicht

Zutaten

1 Handvoll Spinat
60 g Trauben, grün
1 Birne, groß, mit Schale
1 Banane, geschält
½ Limette, den Abrieb und Saft
150 ml Wasser

Nährwerte p. P.

125 kcal
26 g Kohlenhydrate
2 g Fett
1 g Eiweiß

1 Waschen Sie alle Zutaten gründlich ab.

2 Geben Sie jetzt alle Zutaten in den Standmixer und pürieren Sie sie zu einem Smoothie.

3 Servieren Sie ihn sofort und nach Belieben mit Eiswürfeln.

Tipp: Geeignet für Phase 1 bis 3.

PINKER KOHL-SMOOTHIE

 2 Port.  10 Min.  Leicht

Zutaten

4 Blätter Chinakohl, ohne Strunk
80 g Heidelbeeren, tiefgefroren
1 Orange
1 Banane
100 ml Wasser

Nährwerte p. P.

130 kcal
38 g Kohlenhydrate
3 g Fett
1 g Eiweiß

1 Zerkleinern Sie die Kohlblätter grob. Schälen Sie die Banane und die Orange. Entfernen Sie dabei möglichst viel der weißen Haut.

2 Geben Sie alle Zutaten in einen Standmixer und pürieren Sie sie für mindestens 1 Minute.

Tipp: Geeignet für Phase 1 bis 3.

Gemüsesäfte

TOMATENSAFT MIT MÖHREN UND SELLERIE

500 ml

10 Min.

Leicht

Zutaten

200 g Tomaten
180 g Stangensellerie
140 g Gurke
120 g Möhren
¼ Zitrone

Nährwerte p. P.

72 kcal
16 g Kohlenhydrate
1 g Fett
3 g Eiweiß

1 Waschen Sie alle Zutaten gründlich und tupfen Sie sie anschließend trocken.

2 Geben Sie alle Zutaten nacheinander durch einen Entsafter.

3 Lassen Sie den Saft vor dem Verzehr mindestens 30 Minuten im Kühlschrank ruhen.

Tipp: Geeignet für Phase 1 bis 3.

SPINAT-SELLERIE-SAFT

800 ml

10 Min.

Leicht

Zutaten

100 g Spinat
300 g Stangensellerie
250 g Gurke
30 g Petersilie
1 Limette

Nährwerte p. P.

85 kcal
18 g Kohlenhydrate
1 g Fett
2 g Eiweiß

1 Waschen Sie die Zutaten gründlich ab und tupfen Sie sie trocken.

2 Verarbeiten Sie sie anschließend in einem Entsafter.

3 Bewahren Sie den Saft im Kühlschrank auf.

Tipp: Geeignet für Phase 1 bis 3.

GRÜNKOHL-SAFT MIT GURKE

1 Liter

10 Min.

Leicht

Zutaten

1 Gurke
1 Limette
160 g Grünkohl

Nährwerte p. P.

90 kcal
19 g Kohlenhydrate
1 g Fett
2 g Eiweiß

1 Waschen Sie die Zutaten gründlich ab und tupfen Sie sie trocken.

2 Verarbeiten Sie anschließend alles in einem Entsafter.

3 Bewahren Sie den Saft im Kühlschrank auf.

Tipp: Geeignet für Phase 1 bis 3.

EINFACHER GURKENSAFT

 1 Port.

 5 Min.

 Leicht

Zutaten

½ Gurke

Nährwerte p. P.

37 kcal
5 g Kohlenhydrate
0 g Fett
1 g Eiweiß

1 Waschen Sie die Gurke gründlich ab. Trocknen Sie sie anschließend ab.

2 Verarbeiten Sie die Gurke in einem Entsafter.

3 Servieren Sie den Saft sofort.

Tipp: Geeignet für Phase 1 bis 3.

FENCHEL-GRÜNKOHL-SAFT

2 Port. 10 Min. Leicht

Zutaten

200 g Fenchel
150 g Grünkohl

Nährwerte p. P.

64 kcal
5 g Kohlenhydrate
1 g Fett
5 g Eiweiß

1 Waschen Sie die Zutaten gründlich ab. Entfernen Sie das Grün vom Fenchel.

2 Verarbeiten Sie Fenchel und Grünkohl in einem Entsafter.

3 Servieren Sie den Saft sofort.

Tipp: Geeignet für Phase 1 bis 3.

SPINAT-SELLERIE-SAFT MIT INGWER

2 Port. 10 Min. Leicht

Zutaten

200 g Spinat
4 Stangen Sellerie
1 Bund Petersilie
10 g Ingwer
1 Zitrone

Zum Garnieren:
Einige Limettenscheiben

Nährwerte p. P.

82 kcal
7 g Kohlenhydrate
2 g Fett
1 g Eiweiß

1 Waschen Sie die Zutaten gründlich ab.

2 Lassen Sie sie abtrocknen und verarbeiten Sie sie in einem Entsafter.

3 Servieren Sie den Saft mit einigen Limettenscheiben.

Tipp: Geeignet für Phase 1 bis 3.

ROTER MANGOLD-SAFT

 1 Port.

 10 Min.

 Leicht

Zutaten

6 Blätter Mangold
1 Gurke
1 kleine Knolle Rote Bete
1 Limette
½ Bund Petersilie

Nährwerte p. P.

74 kcal
6 g Kohlenhydrate
2 g Fett
1 g Eiweiß

Tipp: Geeignet für Phase 1 bis 3.

1 Waschen Sie die Zutaten gründlich ab und lassen Sie sie gut abtrocknen.

2 Verarbeiten Sie sie im Anschluss in einem Entsafter.

3 Lagern Sie den Saft im Kühlschrank.

SALAT-MINZ-SAFT

4 Port.

10 Min.

Leicht

Zutaten

1 Römersalat
5 Stangen Sellerie
1 Gurke
2 Limetten
½ Bund Minze

Nährwerte p. P.

90 kcal
6 g Kohlenhydrate
3 g Fett
2 g Eiweiß

1 Waschen Sie alle Zutaten gründlich ab. Legen Sie einige Minzblätter beiseite.

2 Verarbeiten Sie die übrigen Zutaten im Entsafter.

3 Verteilen Sie den Saft auf 4 Gläser und garnieren Sie diese mit den Minzblättern.

Tipp: Geeignet für Phase 1 bis 3.